LA VIDA EN LA EDAD MEDIA

LA VIDA EN LA EDAD MEDIA

Braulio Llamero

Colección Generación del Vértice, 230

LA VIDA EN LA EDAD MEDIA

© De los textos
BRAULIO LLAMERO CRESPO

© Imagen de la portada
Humedales
EDUARDO SÁNCHEZ-BEATO
Óleo sobre lino. 95 x 95 cm. 2005
Colección privada, Nueva York

© De la edición e impresión
CELYA EDITORIAL
Apdo. Postal 1.002
45080 Toledo
Tel.: 639542794
celya@editorialcelya.com
www.editorialcelya.com

Primera edición: Abril, 2026

ISBN: 978-84-19933-36-2
D.L.: TO 55-2026

A mi padre, el Braulio original,
que tanto mereció y tan poco obtuvo.

A mi madre, que fue guarida, roca y loba
mientras tuvo lobeznos a los que criar.

A mi hermana, que supo y quiso ser mi otra loba
cuando la necesité.

A ellos, más que a mí, pertenece
esta sucesión de aullidos.

Yo. Yo ahora. Yo aquí.
Despertar, ser, estar:
Otra vez el ajuste prodigioso.

JORGE GUILLÉN

Vete con tu inocencia estremecida
volando a ciegas, cierta,
más joven que la luz. Aire en mi aire.

CLAUDIO RODRÍGUEZ

El viento orea
tus dedos, largos de siglos.
Y el puñadito de arena
—grano a grano, grano a grano—
el gran viento se lo lleva.

DÁMASO ALONSO

LA ÚNICA META de la infancia
es la era del adulto.

Jugamos por entretenernos
y aplacar el hastío mientras tanto.

La gran pena del adulto
es el fin de la inocencia
                    que es el de la infancia.

Aunque siempre hay excepciones:

                    niños sin meta
                    adultos sin memoria.

Aunque nunca faltan disfunciones:

                    No me llames Braulio,
                    que ese era mi padre;
                    yo soy Braulito
                    y solo juego.

A ti que lees
                    gracias por jugar conmigo.

Hijo de gigantes

LOS HOMBRES DE CAMPO ríen fuerte
y poseen vozarrones que puedan recorrer
el espacio infinito donde habitan.

Los hombres de campo ríen de cuanto les rodea
socarrones con retranca
sabios de vida antes que de escuela.

Y al leer hombres releed mujeres
que en el campo acostumbran
a ser más hombres
                    ya me entiendes
que los hombres.

Padre fue uno de esos
                    de fácil carcajada
                    voz potente
                    socarronería
                    y don de la retranca.

Le gustaban las historias de cuando los mayores
lo habían convertido a él mismo
en objeto de sus chanzas.

Como cuando muy pequeño
                    échale doce, quince años
tuvo que empezar a arar las tierras familiares
porque padre enfermo
porque hermano mayor
                    querido tío Pepe
al frente de las bombas y cañones
porque había que seguir alimentando

                                        (…)

a madre a padre
a las tres hermanas
a sí mismo.

Padre, como yo, nunca fue robusto
ni alto ni de gran presencia física.

Así que un día en la cantina alguien dijo:

*Hoy vi en las tierras del Sestil
un arado movido por dos burros
que iba solo
sin que nadie lo guiara.*

Soltaron carcajadas los presentes
y acabó apuntando uno:

*Estaría arando el pequeño de los Cabreros,
que no levanta cuatro cuartas.*

Padre rio tanto o más que ellos al saber la historia.

Le costaba trazar rectos los surcos
empeñados los burros y el arado
en no atenerse a sus parcas fuerzas
pero lucía con orgullo
su veloz ascenso a hombre de la casa
y le deslumbraba su reflejo
en los ojos admirados de las chicas
cuando volvía cada tarde
rebozado en barro
y masticando tierra.

MADRE NIÑA era tan lista
tan espabilada
que tenía el poder de ver crecer la hierba

según aseguraban los más viejos
según ella misma habría de contarnos
un millón de años más tarde.

Menos listo, más dormido
o nunca tan espabilado
yo me esforzaba por imaginar
cómo sería eso de ver crecer
el verde de los campos

si habría que quedarse días semanas meses
inmóvil en un prado o en las eras
para no perder detalle
        del brote de las flores
        de los cardos y romeros
        de las jaras
        de los mantos vegetales.

Madre fue una niña que veía crecer eso
hasta que fue el manto de los prados
el que la vio crecer a ella
antes de tiempo
de un día para otro
al morir la hierba madre
la abuela que nunca conocí
la madre de mi madre

(…)

cuando ni ocho años contaba
mi pobre madre niña

se hizo adulta de repente
como el rayo
pues quiso que su padre
siguiera viendo una mujer en casa
y que ella era la hija
pero también podía ser la madre
la que iba a lavar la ropa al río
cargando indómita
con el lavadero de madera
el pesadísimo balde de la ropa
y el jabón de sebo

y que ella podía ser
quien ponía pote en lumbre
barría los corrales
daba un agua al pedregoso suelo
de la cocina y la despensa
la que zurcía calcetines y calzones
de los hombres de la casa
que además del padre era el hermano

yo nunca vi crecer la hierba
en las praderas de mi pueblo

ni en lugar distinto alguno

tampoco cuando emigré a las ciudades
logré atisbar las flores que brotan del asfalto
según tantos poetas y algunos revolucionarios

(...)

quizá porque no quedé sin madre
ni me arrancaron con violencia
esa primera piel feliz
que insisten en llamar infancia.

Madre tuvo que arrastrar el resto de sus días
aún la arrastra
la herida emponzoñada
de sus baldíos esfuerzos infantiles
pues mi abuelo nunca fue capaz
quién lo sería
de ver en sus ocho años
la mujer tan mujer como la madre fallecida
y acabó hallando a
y casando con
       otra mujer
que en mi casa habría de llamarse siempre
no sin odio
la Madrastra

ahí dejó Madre
       rodeada de zarzales
       de ortigas
       y de cardos
de ver crecer la hierba

hasta que en cuanto pudo casó ella
para ser por fin
la mujer tan mujer como mi abuela
capaz de hacerlo todo
y a mayores

                    (…)

algo que nadie había hecho jamás
ni lo habría de hacer nunca
ni en aquel ni en ningún otro pueblo semejante
volver a contemplar el crecimiento de la hierba.

LO DEL AMOR en la Edad Media
nunca supe cómo iba.

Madre nos contó que se casó con Padre
para que sus hijos fueran guapos.

Pudo hacerlo con hombre de más tierras
de un pueblo vecino.
Pero era feo.
Prefirió, sostuvo, hijos pobres.

El cálculo le salió bien
solo con mi querida hermana
que se parecía más a Padre.

Quizá fuese una broma.
Mi hermana está casi convencida.

Yo, de lo contrario.

Hasta que declinó
Madre pensaba mucho
y lo pensaba todo.

LA CASA que mis padres
arrendaron tras la boda
aunque humilde
daba a dos calles
tenía dos entradas
y disponía de dos plantas
para las dos familias
que la habrían de habitar.

La familia animal vivía abajo
con entrada por calleja posterior.
La familia humana vivía arriba
con acceso por la calle más visible.

Una escalera interior las comunicaba
para no estar solos los de abajo
para estar acompañados los de arriba.

La familia de abajo eran dos mulas
una burra, un cerdo
y media docena de gallinas.

La familia de arriba eran Padre y Madre
a los que se añadieron
no tardando
dos mocosos.

Allí vivimos hasta 1963
cuando primero Padre
después Madre
emigraron a Alemania.

Hasta ese año yo creí que éramos felices.

POR TU CULPA no pudimos apañar garbanzos.

Se habían levantado al alba y tras desayunar
preparaba Padre el burro
con su albarda y sus arreos
Madre recogía la casa por encima
colocaba el puchero a la lumbre
y envolvía pan, tocino y quizá una cebolla
para el hambre de media mañana.

He olvidado o no me dijeron
qué hacían con mi hermana
cuatro años de edad
dos palmos de tamaño
flaca y lagartija.

También yo estaba allí
pero con residencia aún
en el cálido y maternal
vientre mapa mundi.

Ibas a venir a recoger garbanzos con nosotros
pero se ve que no tenías ganas
nunca te gustó el trabajo de tus padres

Justo cuando Padre se inquietaba

Vamos, que, si no, no nos cunde el día

Madre negó con la cabeza
y después de viva voz

(…)

No, hoy no vamos a poder salir
déjalo para mañana
porque el niño no quiere esperar.
¡Sal corriendo y tráeme a tu madre!

La madre de Padre sabía de partos y nacencias
y él se fue nervioso y sofocado
para volver con quien iba a ser mi abuela
y con alguna otra vecina
ducha también en lo de traer al mundo
vidas como la que ese día
estaba a punto de nacer.

Y así fue como llegué
apenas estrenado el veintidós
de un mes de junio
cuando tocaba recoger garbanzos
pero no.

TODOS HEMOS SIDO hijos de gigantes.

Nacer es descubrir que, menos tú, todos lo son.

El que más, tu padre.
Con manos que te levantan
cual si fueras pluma.
Con una fuerza sobrehumana
que mueve sacos, piedras,
arados, barro, leña y animales.

Te esfuerzas en aprender a hablar
solo por hacer la gran pregunta:

—¿Yo también seré gigante, como tú?

Aunque tardas en formularla
por temor a la respuesta.

Parece imposible crecer tanto,
no caerte al tratar de andar,
usar las complicadas manos
de tantos dedos en cada una de ellas.

Suerte que el gigante te protege
y la giganta no deja de mirar.
Suerte que la cigüeña se lió
y no hizo la entrega a quienes eran
de tu misma estatura.

Esas cosas tan profundas piensas
cuando aún eres bebé
y tampoco has aprendido a pensar aún.

Medievo

EDAD MEDIA I

No soy inmortal.
Ni siquiera longevo, por ahora.

Pero nací y me crie en la Edad Media
aunque hilvane estas palabras
en el año veintiséis
del siglo veintiuno.

Bebí la luz primera en una de esas casas
de adobe, piedra y tejado de pizarra
en pequeña aldea campesina.

Más siervos que amos
mis padres habían tenido que arrendarla.

Incluso el puchero donde hacían las comidas
era un préstamo.
Y había que taparlo con una piedra de la calle
a falta de otra cosa.

Pese a lo cual
Madre me negó la condición de pobres
cuando me aventuré a darla por acreditada.

Nosotros siempre hemos tenido
algo que llevarnos a la boca.
Pobres son los que no tienen qué comer.

De ahí no la sacabas.

                                        (...)

Alumbrábamos la noche con velas o candiles
aunque no tardó en llegar la primera bombilla
para la cocina.
La segunda, algo más tarde,
se colgó en la cuadra de los animales.

Desde que amanecíamos hasta la hora de acostarse
había en la cocina lumbre y brasas
con un enorme caldero en la chimenea
para disponer de agua caliente.

La comida solía hacerse sola.
Madre colocaba el puchero a la lumbre
antes de ir con Padre a las tareas
y cuando regresaban
solo había que poner los platos
y servir.
Riquísima.

Qué hambre aquellos años.

Los vecinos se veían los domingos en la misa.
Tenía cada cual su sitio dentro de la iglesia
siempre el mismo.
Las mujeres delante
en sus reclinatorios.
Los hombres atrás
sobre bancos de madera.
El cura oficiaba
y los mozos
subidos a un altillo trasero
gamberreaban
y había que chistarles cada tanto.

(...)

Tras la misa, los hombres subían a las tabernas
hubo tres pero quedaban dos.
Las mujeres se retiraban
a preparar puchero, sartén o cazuela
para la mejor comida de la semana.
Los niños corríamos por las calles
hasta que llegaba el grito:
¡A comer!

El vecindario vivía del campo y de los animales.
Algunos cuidaban rebaños de ovejas y cabras.
La mayoría tenía burros o mulas o vacas
para hacer más llevaderas las faenas.
Casi todos cebaban uno o más cerdos.
Había dos carpinterías
llegaron a funcionar tres fraguas
y estaba el señor Ismael
quien tenía un simple bote de remos
que yo tomé por barco bucanero
y a él por avezado navegante de los mares.

En la aldea había un río caudaloso
que acabaron embalsando,
arroyos de agua fresca y transparente
una laguna con ranas
y el manantial de Los Caños.

Había que hacerlo casi todo
a pura fuerza o pico y pala
el pan, la ropa
los adobes para levantar casas y corrales.

(…)

Apenas veíamos dinero
que era para ricos y gente de fuera.

Como no paraba en casa
Madre me tenía que llamar a voces
para mandarme a los recados.

Toma estos dos huevos,
vete a casa de Bibiana
y tráeme hilo blanco,
un par de agujas
y el encargo que le hice hace unos días.

Los hombres esquilaban las ovejas
las abuelas se ponían a cardar lana
las madres nos hacían un jersey
una bufanda o calcetines
o rellenaban colchones
o la vendían.

En la Edad Media todo era simple
y nunca faltaba el apetito.

Me gusta repetirlo:
La Edad Media es de hace nada.
Yo vengo de allí.

Ser niño era estupendo
si sobrevivías.
Morí un par de veces, de hecho.

(…)

Había curanderos, sanadores, practicantes
y mujeres con cientos de remedios
para cualquier daño o dolencia.

¡Aunque si tenías mala suerte
y te tocaba el médico...!
Los vecinos le pagaban las igualas
pero todos preferíamos
al curandero más cercano
o a la mujer que sabía de hierbas
de jaculatorias y de ungüentos.

Cuando cumplí seis o siete años
el tío Adolfo, el del bar,
compró un televisor
el primero que se vio en el pueblo.

Y la Edad Media concluyó.

EDAD MEDIA II

A poco de nacer,
Madre vio algo en mi hermana
que le llevó a pensar prodigios.

Se fue con ella a ver a una vecina
que entendía de espíritus
                        infiernos
                        ángeles
                        y maldiciones.

Míreme a la niña
no vaya ser
que un demonio me la enrede
y la desgracie.

La mujer le abrió la boca
y anduvo hurgando un rato.

Quédate tranquila.
No hay cruz invertida debajo de su lengua.
La niña no está endemoniada.

Y mi madre se marchó
alegre como una golondrina.

Pues entonces
por fuerza
lleva un ángel dentro.

Cuánto nos quiso.

EDAD MEDIA III

Recuerdo a Madre de muy joven
Recién parida
Mea culpa

La veo sentada en una silla baja
De esas de los pueblos
Que se fabricaban en casa
Que habría hecho mi padre
Con un poco de madera
Y paja entretejida

Estaba en la calle
Y se peinaba un melena negra y larga
Yo, desde no sé dónde
        No tuve cuna
        Ni carrito
        Ni capazo
No podía quitarle ojo

Veía a la mujer más bella del pueblo
Que es como decir del mundo
Que es como decir
del entero universo conocido

Se dio cuenta
Se inclinó
Me cogió en brazos
Y me dio un beso explosivo
Con sabor a gloria

                                (…)

Ese beso ensordecedor
Nunca se ha apagado en mi cabeza

Aunque venga de un recuerdo
Que no puede existir
Según los que tardaron más que yo
En crear memoria.

EDAD MEDIA IV

Una vez me hice una herida que sangraba mucho.
Madre se asustó y llamó a una pariente vieja
de piel renegrida y vestimenta negra.

La anciana la tranquilizó
miró la herida
salió a la calle
y arrancó una telaraña de la pared de enfrente.

La dobló con gran cuidado
y la colocó sobre la herida que sangraba.

Que no se la toque en un buen rato.

Dejó de salir sangre
y al día siguiente no había nada.

EDAD MEDIA V

En otra ocasión se me infló la barriga
como un globo.

Madre llamó al médico.

Eso es que habrá comido mucho.
Que beba solo agua hasta que se desinfle.

Me alimenté con agua varios días
pero seguía con el barrigón
y con el cuerpo ardiendo.

Madre dijo a Padre:

Mañana prepara el burro.
Quiero que vea al niño el curandero
que sanó las vacas de tu hermano
cuando no se levantaban.

Fueron a la ciudad
a un barrio en las afueras
donde en casita baja
junto a plaza pequeña
y con una fuente en medio
vivía un hombre afable y sonriente.

Madre me llevaba en brazos
envuelto en su toquilla
que retiró para mostrarme.

(…)

¿Quiere que lo desnude?

No hace falta, señora.
Tápelo, que no hace falta.

Salió hasta la fuente
seguido por mis padres y curiosos
con un frasco en las manos.
Puso su mano derecha
bajo el chorro de la fuente
de modo que el agua cayera en su pulgar
y fuese mano abajo hasta el meñique
que la introducía en el frasco.

Cuando estuvo lleno
se lo tendió a Madre.

Colóquelo en la habitación donde duerme el niño.
Déjelo hasta que aparezca una gran mancha.
Cuando eso ocurra, su hijo habrá sanado.

Qué le debo.

Nada, señora. Por los dones no se cobra.

Madre le dio la cesta de patatas, pimientos y tomates
que había preparado el día anterior.

De regreso, cumplieron las instrucciones.

(…)

Días después el agua limpia estaba sucia
y mi barriga se había ido desinflando.

El hermano de mi padre
                    querido tío Pepe
dijo:

Es lo mismo que nos dio para las vacas
y se levantaron solas.
Podéis tirar el agua.

Así salí de la primera casi muerte.

Letras

LA ESCUELA DE MI PUEBLO era dos escuelas
en un solo edificio pequeño y alargado
con pared en medio.
Una mitad era para chicos
la otra para chicas
cada lado con su puerta.

Nunca nos veíamos.

A los chicos nos enseñaba un maestro.
A las chicas, la maestra.
Ambos jóvenes.
Eran matrimonio y llegaron juntos.
Habitaban una casa blanca
como las escuelas blancas
propiedad del ayuntamiento
en una ladera verde
y floreada en primavera
al final del pueblo.

Las niñas jugaban a la comba
al castro
a la goma
y a cosas aún más raras.

Los niños, a la pelota en el frontón
al balón
a las canicas
o al esconderite inglés.

Nunca nos veíamos.
Ni en el recreo
que recuerde.

EN MI PRIMER DÍA de escuela
Madre me llevaba de la mano
y me presentó al señor maestro:

Aquí tiene a mi hijo,
aunque le advierto que ya sabe leer.

El maestro nos miró confuso.

Habrá que comprobarlo.

Tomó un libro de letras grandes
y me dijo:

Lee.

Leí.
Tomó otro libro un poco más gordo
con letras más pequeñas.

Lee.

Leí.
Se rascó la frente
y desplegó el periódico local
que tenía a un lado de la mesa
señalando una noticia.

A ver si también sabes leer esto.

(…)

La letra era pequeñísima
y las palabras raras
pero leí.

El maestro miró a Madre.

Pues a ver qué hago con él.

Intervine yo:

Números no sé. Ni nada.

¡Ah, bueno! Pues menos mal.

Madre se fue henchida de orgullo.
Y yo me quedé pensando
que en algún momento
tendría que explicarle a don Vidal
por qué leía tan pronto.

No fuera a pensar que era un raro.

POR PURA ENVIDIA
por cabezonería
por eso aprendí a leer
antes de tener maestro.

Mi mejor amigo era Pedro
el de Carmen la Roca y Domingo el Goyadas
que eran vecinos.

Teníamos la misma edad y jugábamos juntos
desde que nos dejaron salir solos a la calle.

Pero al cumplir seis años
él entró en la escuela
y yo no.

Protesté muy enfadado:

¡Tenemos la misma edad!

Padre:

Él tiene algunos meses más.

¿Y qué?

*Que por esos días o meses a él le toca
entrar este año.
A ti el que viene.*

¡No es justo!

(...)

Furioso, busqué a Madre.

Ma, quiero que me compres la cartilla de leer.

¿Qué?

La de aprender las letras.

Pero si aún te queda un año.

No. Quiero aprender este. Como Pedro.

Soy muy cabezón.
Insistí.
Insistí.
Insistí.
Hasta que Madre se rindió.
Y cuando tuvo que ir a la ciudad
me trajo la cartilla de las letras.

Entre ella y Padre me fueron enseñando a ratos
y no paré hasta que leí.
Así, cuando entrase en la escuela
nadie notaría que Pedro
me llevaba un año de adelanto.

Aunque un poco me pasé, a lo mejor
por no saber que el primer año
se aprendían las letras pero no a leer.
O no del todo.

(…)

Y fue por eso.
Por un error de cálculo.
Y por envidioso.
Y cabezón.

EN INVIERNO
las madres nos preparaban un brasero
para llevarlo a la escuela.

Metían brasas en una vieja lata de sardinas
o en el caldero que pillaran
le ataban una cuerda
y nos lo daban.

Tenlo siempre cerca.
No dejes que se apague.

El maestro tenía otro brasero grande
hasta que le pusieron una estufa.

Necesitábamos calor
porque con las manos *engariñidas*
no podías escribir ni hacer apenas nada.

Algunos daban vueltas rápidas al brazo
con el que llevaban el brasero
Y reían:

¡Mira, mira, no se cae ni boca abajo!

Pero a veces, a algunos,
sí que les caían brasas
en la cabeza o en la ropa.
Nos reíamos con ganas.

Éramos felices incluso congelados.

Afanes

TRAS LA COSECHA
cada estío
Padre cargaba el trigo en burro, mula o carro
y se iba a ver al molinero
                    pelo blanco
                    cara blanca
                    ropa blanca
                    manos blancas
                    mirar enharinado

Descargaba Padre sus costales
de brillante grano rubio
y le devolvían sacos del mismo polvo blanco
                que flotaba en el molino
                y respirabas
                masticabas
                te entraba hasta por los oídos.

Los costales de trigo eran muchos
los sacos de harina eran menos.

Una parte es para el molinero
por molernos
en justo pago.
Otra se le da al panadero
y tenemos todo el año
pan a cambio.
Así es la vida de los pueblos.
Das de lo que tienes
te dan de lo tienen
haces lo que sabes
te hacen lo que saben.

                                    (…)

Me explicaba con paciencia Padre.

Pero seguía viendo injusto
que lleváramos ocho o diez partes de trigo
y volviésemos con la mitad de harina.

Padre es un buenazo y se aprovechan.

Le decía a Madre
sin que ella lo negara.

*Alguna vez tendré que ir a hablar yo
con ese molinero.*

No sé si al final iría.

EN FIESTA GRANDE
de las de ponerse guapos
y comer mejor
había baile
en un lado de la plaza
cerca de los bares
casi siempre tras la misa.

El tío Alejandro se encargaba de la música.

El alcalde o alguien le decía:

Oye, que mañana es fiesta
y tienes que tocar.

Él se presentaba donde le dijeran
con la flauta y con el tamboril.

Había aprendido a tocar solo
no me explico cómo.
Y el tamboril no sé
pero la flauta se la había hecho él
con una caña de los alrededores.

Los dedos de la mano izquierda
le danzaban sin parar sobre la flauta
tapando y destapando agujeros.
que eran solo tres.
La derecha tocaba el tamboril.

Qué fenómeno.

(…)

En cuanto empezaban a sonar
sus jotas, raspas y tonadas
el pueblo entero era un baile
de risas, jaleo y diversión.

PADRINO TENÍA UN FUELLE
más gigante que el Goliat
del que hablaba el cura en misa.

Colgaba del techo de la fragua
y para que soplara había que usar cuerdas
o cadenas
o las dos.
Muy bien no me acuerdo.

El fuelle avivaba el fuego
en el que Padrino, herrero,
encendía los metales para hacerlos blandos
y que se dejarán arrugar a martillazos
sobre el yunque.

Siempre había hombres dentro de la fragua
y animales en el exterior
junto al arroyo Cagachuecas.

Padrino era el zapatero de las vacas
                    de los burros
                    de las mulas
                    y caballos
según decía Padre.

Tu padrino hace y pone las herraduras.

¿Para qué?

¿Para qué te calzas tú?

(...)

Para no hacerme daño en los pies.

Pues igual.

Nunca lo entendí.
A mí no me clavaban puntas
para calzarme las sandalias.

El mejor regalo
me lo fabricó Padrino en sus llamas:
un aro con guía
con el que pasé meses y meses
rodando y corriendo sin parar.

Hoy no queda fragua
                    ni padrino
                    ni animales que calzar
                    ni arroyo Cagachuecas.

UNA VEZ AL AÑO al menos
había que hacer un viaje a la ciudad
para vender ganado o comprarlo.

Madre no dejaba que fuera Padre solo.

A ti te falta picardía y te engañan los tratantes.
Crees que todos son como tú
que no tienes maldad
y así no va.

A Padre no le hacía gracia
que le hablara de esa forma
pero no tenía dudas de que regateaba
mucho mejor que él.

Solían ir con las alforjas llenas
de gurriatos o cerditos
más algún otro producto disponible
que tuviera buena venta.

Madre volvía locos
a los tratantes de ganado.

Mis gurriatos valen más del doble
de lo que usted quiere pagar.

O:

Necesito comprar un burro nuevo
no esa cabra coja que me ofrece
a precio de caballo percherón.

(…)

O:

Si me deja la mula al precio que es
en vez de una compro dos.

O:

No, señor, a usted no le vendo nada
porque no lo veo de fiar.

A Padre le aburría el regateo.
Lo que le gustaba era charlar con los tratantes
como si fueran amigos o parientes
y cuando trataban de venderle algo
señalaba a su mujer:

Eso háblelo con ella, pero no sé yo.

Andanzas

MI INFANCIA fue de pueblo y calle.

Había casas, pero no eran de vivir.

Se hubiera reído el vecindario
si llega a saber que décadas después
era preceptivo para las viviendas tener sala de estar.

¿De estar a qué?

Las casas eran de comer, dormir, vestirse.
Para todo lo demás, calle, campo y cielo.

Los hombres solían ir al campo
a cultivar o cosechar.
A veces, también de pesca
e incluso de caza, si tenían escopeta
o eran hábiles en tretas/trampas.

Cuando no había nada que hacer
—en el campo
invierno rima con aburrimiento—
pasaban el rato
echando una brisca, un tute
o jugando al dominó.

O pegaban la hebra
donde siempre había gente:
la fragua de mi padrino
las carpinterías…

(…)

También iban al campo
las madres, las mujeres.
Y a las huertas a apañar leña
u hojas de negrillo para los cochinos.
O al río, a lavar la ropa todas juntas,
charla que te charla
frota que te frota.

O preparaban la comida
en la cocina de lumbre baja y chimenea alta.
O, no tan a menudo,
se sentaban con las vecinas a repasar la actualidad:

—¿Te has enterado de lo de Lucinda y Nemesín?

Mientras charlaban, ponían remiendos o zurcían,
descosían dobladillos para que los casi mozos
heredaran los pantalones de los padres
o tejían guantes, calcetines y bufandas.

Ellas trabajaban incluso cuando decían:

—Hoy, como tengo tiempo,
saldré un poco a la solana.

O al fresco, si ya no había sol.

Tampoco los niños dábamos abasto.
En cuanto desayunábamos
salíamos como almas perseguidas por el diablo.

¡No corras tanto, que te vas a escalabrar!

(…)

Las tareas se nos acumulaban.
Había que jugar al escondite
a la tula, a la maya, a saltar encima de otros
a ver quién meaba más lejos
a la pelota
al fútbol si aparecía algún balón
a las vistas, a los chapetes, a la peonza
a las buyacas, al aro.

Cuando nos llamaban para comer
siempre protestábamos:

¡Jolín, qué pronto; no da tiempo a nada!

A veces hacía un frío que pelaba,
sobre todo para quienes vestíamos
pantalón corto todo el año
porque el largo solo era
para mozos y hombres.

Pese a que me veo como niño de pueblo
—paleto, para los acomplejados de ciudad—
fui más bien de calle,
cuando esta era sinónimo de hogar
y patio y parque de atracciones.

Le gustaba repetirlo a Padre:

En este pueblo nadie pone un huevo en casa.

Y se partía de risa
mientras sacaba librito y cuarterón
para liarse un cigarrillo.

AL LADO DE CASA había un pajar
cuyo final del tejado
me quedaba justo a la altura de la boca.

Los días de lluvia lamía con deleite
sus lonjas/lajas de pizarra.
Ni os podéis imaginar
lo rica que es el agua
con sabor a cielo y piedra.

Aunque no tanto
ni la cuarta parte
que los hielos puntiagudos
los carámbanos
que en los días de más frío
enjoyaban las pizarras.

Qué delicia de *gurmet*
aquellos víveres de invierno.

Qué maravilla hallar dones así
solo con salir de casa.

Manjares que colgaban de un tejado
o goteaban
esperándome.

Pues nadie más, que yo supiera,
compartía mi gusto por lamer piedras del suelo
(sí, sí, eso también)
por saborear tejados bebiéndoles agua de lluvia

(…)

o por comerla si se congelaba en estalactitas
de elegante trasparencia
justo a la altura de mis labios.

Como para no creer que morí un par de veces
aunque me regresaran
antes de salir del pueblo/paraíso.

A LOS PÁJAROS RECIÉN NACIDOS
los llamábamos pilotrones.

Aún no tenían plumas y temblaban de hambre
                              o frío
                              o miedo
                              o todo.

Los veíamos cuando andábamos buscando nidos.

Mirábamos los árboles hasta localizar alguno.
Trepábamos por el tronco
agarrando bien las ramas
en busca de los huevos de los pájaros.

Los llevábamos a casa
para que Madre hiciera una tortilla
o se bebían allí mismo
junto al árbol
haciendo un agujero por abajo
otro por arriba
y ya.

Lo que pasa es que no siempre había huevos.
Lo que había, a veces, en el nido
eran pájaros pilotrones
                    tres
                    o cuatro
                    o cinco
abriendo el pico ansiosos
por si éramos los del reparto de alimentos.
Pobres.

(...)

Los chicos buenos los dejaban
e iban a por otros nidos.
Los normales, casi todos,
los bajaban con el nido
y los mostraban
reían
y cuando se habían aburrido
los abandonaban,
no siempre vivos.

Yo vi todo eso
estaba ahí
no fui de los buenos
ni de los normales.

Nunca supe trepar
y solo acompañaba
a la pandilla.

Alguna vez me daban algún huevo.
Pero nunca me atreví a tocar
el temblor sin fin
de los pájaros pilotrones.

PADRE TENÍA QUE IR a otro pueblo
no sé a qué
o por qué tareas.

Lo haría en el mejor vehículo
si eres solo siervo
sin yegua ni caballos:
el humilde pero resistente burro.

Yo no iba aún a la escuela
o no tenía
y Madre dijo:

Llévate al niño contigo
que le gustará.

Padre se mostró de acuerdo.

Colocó el burro junto a una tapia
me subió sobre la albarda y las alforjas
se sentó detrás
rodeándome sus brazos
mientras cogía las riendas y la vara
que marcaban velocidad y dirección
a la pacífica montura.

Al regreso salió Madre a esperarnos:

¿Qué tal? ¿Ha ido todo bien?

Todo, respondió Padre.
Pero no lo vuelvo a llevar conmigo en la vida.

(...)

¿Por qué? ¿Qué ha hecho?

No callar en todo el camino.
Me levantó dolor de cabeza.
No dejaba de hacer preguntas.
¿Qué es eso? ¿Y eso de ahí?
¿Para qué sirve?
¿Por qué cantan los pájaros?
¿Las mariposas por qué vuelan?
¿Por qué nosotros no?
¿Por qué el cielo es azul?
¿Los saltamontes tienen muelles?
¿Por qué el agua se resbala?
¿Quién hace los puentes?
¿Quién riega los árboles?
¿La fruta por qué sale?
¿Dónde aprenden a cantar las ranas?

Madre se reía y yo callé.
No había preguntado
ni la mitad de la mitad
de lo que se me ocurría.

Y Padre:

No vuelve a ir conmigo.
Me puso la cabeza
como el tamboril del tío Alejandro.

Pero sí que me llevó a más sitios.

MIL NOVECIENTOS sesenta y tres.
No me olvido de ese año.
La culpa es de un calendario
que colgó Padre en el zaguán.

Había en él un hombre que me daba miedo
porque no dejaba de mirarme
fuera adonde fuera.

También me acuerdo de ese año
porque Madre le dijo un día a Padre
en la cena:

Me voy a Alemania.
Lo está haciendo mucha gente.

¿Y yo qué hago si te vas?

Quedarte con los niños
por si aquello sale mal
o no es como lo cuentan.

Padre no pegó ojo aquella noche.

Al día siguiente habló con un vecino
y se fueron a Zamora.

A la vuelta Padre dijo a Madre:

(…)

A Alemania vamos a ir Domingo y yo.
Nos hemos apuntado en Emigración.
Tú te quedas con los niños
y os mandaré dinero.

Madre respondió:

Si sale bien
el año próximo iré yo.

Mi hermana y yo saltamos:

¡Y nosotros!

Padre y Madre se miraron.

En los ojos de los cuatro
brillaban manantiales.

DE MI SEGUNDA CASI MUERTE
se han diluido los recuerdos.

Sé que un día desperté
en una sala grande
con un montón de camas.

Y una señora, de visita,
me tendía un plátano:
Cómelo, hijo, que estarás muy débil.
Qué rico.

Era un hospital de beneficencia
en la capital de la provincia.
Lo había construido la Diputación
para los que éramos de pueblo
porque el otro, más grande,
atendía solo a los capitalinos.

Desde que desperté
podía ver a Madre cada día
por la ventana
allá abajo
en la entrada de la calle
esperando a que empezara la hora de visita.

Cada mañana cogía al autobús
para ir a verme.
Cada tarde subía al autobús
para volver al pueblo.

(...)

El horario de visitas era corto.
¿Qué haría el resto del día
en ciudad ajena y sin dinero?

> Me habrá entrado algo en el ojo,
> disculpadme.

No sé si por esa o por la otra casi muerte
me perdí la primera comunión cuando tocaba
y tuve que hacerla solo y a destiempo.

Tengo una foto de ese día
con Madre y con mi hermana.
Se me ve aún debilucho
pero no tanto como a Madre
quien parece Lázaro recién resucitado.

La foto se hizo para que Padre
en Alemania
viera lo fenomenal que estábamos.

Pero vaya.

Postdata

EL CAMPO ERA LUJURIA entonces.

Incluso las tapias entre el cementerio y el arroyo
se tapizaban en invierno de azedinas
que convertíamos en riquísima ensalada.

Sobraban aguas bajo el suelo
escapando por transparentes manantiales
y por los pozos que habían hecho los vecinos
de donde bebían,
si sedientos, hombres y animales.

El vientre del mundo era aún muy fértil
y su piel, frondosa.

La dicha consistía en tumbarte en sombra verde
cualquier día soleado
cerrar ojos
y dejarte adormecer

      por las hojas de los árboles
            tonteando sin mesura con el viento,
      por la canción de los insectos
            intentando seducir a sus parejas,
      por el murmullo saltarín del agua,
            al sortear raíces y pedruscos,
      por la llamada alegre de algún humano
            desde lejos.

(…)

La felicidad era inhalar toda aquella macedonia
acariciar pétalos de flor silvestre
descifrar el parloteo de los pájaros
zampar moras arrebatadas al zarzal
o brevas recién cogidas de una higuera
e incluso perucos de «jesúsmeahogo»
aunque al comerlos exclamases:

—¡Jesús, me ahogo! Pero qué sabrosos.

¿Qué pasó con aquel campo de infancia
de aquel pueblo natal
perdido en un rincón del paraíso?

Su huella es hoy tan débil
como la del niño al que embriagaba
a todas horas.

NOTA FINAL

Parece de justicia, antes de irme, dejar constancia explícita de que aquel campo de infancia y aquel pueblo natal, por más que en la memoria adquieran la dorada y polvorienta pátina de las pérdidas, siguen existiendo.

Nada de ficción tiene Manzanal del Barco, en la provincia de Zamora, pueblecito recostado junto a un embalse, donde tuve la suerte de nacer, donde nacieron también mis padres y antes de ellos los abuelos y antes…

La única ficción acaso sea el yo desmemoriado que creyendo recordar adorna, idealiza y eleva de categoría el marco geográfico.

Pero sépase que el gran protagonista de los cantos precedentes es ese pueblo real y aún existente, así como sus gentes, sus calles, sus casas, sus aguas y sus campos.

EL AUTOR

Sumario

Hijo de gigantes

Medievo

Letras

Afanes

Andanzas

Postdata

NOTA FINAL